한 걸음 또 한 걸음

이혜영 시집

채운재 시선 99

한 걸음 또 한 걸음

이혜영 시집

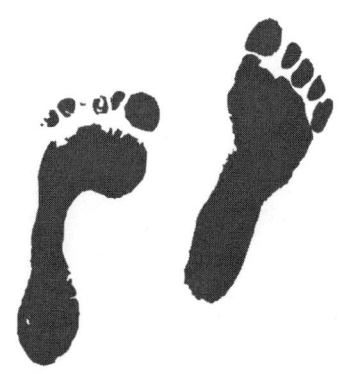

도서
출판 채운재

[자서]

  6. 25 사변 때 서울 환도 후 일간지에 연재된 안네의 일기를 열심히 읽었다.
  독일 전쟁의 참혹함을 직접 겪은 안네의 일기는 내가 문학을 꿈꾸게 하였다.
  고등학교 다닐 때 선생님이시던 희곡가 차범석 선생님, 아동문학가 한정동 선생님 그리고 시인 서근배 선생님께서 문학을 해 보라는 말씀을 가슴 속에 늘 묻고 있었다.
  가난한 나라 어려운 형편이었던 여학교 시절이 지금은 그리운 추억이다.
  세월은 야속하게 지나 어느덧 여기까지 왔는데 올해는 무릎 수술도 했다.
  틈틈이 모아둔 시들을 잘 다듬지 못하고 출간하게 되어 아쉬움이 남는다.
  여러 문학 선배님. 성남 시청 문예 진흥 담당자님 친구 가족들의 도움으로 이 책을 낼 수 있음을 설레는 마음으로 감사드립니다.
  특히 부족한 글을 잘 편집해주시고 이끌어주신 현대 문학사조 양상구 선생님께 고마움을 전합니다.

2018. 12. 1
이혜영 올림

[차례]

1부 보고 싶은 얼굴

새해 아침에 … 12
인연 … 13
꿈을 향하여 … 14
보고 싶은 얼굴 … 16
걸어온 길 … 17
안부 … 18
봄 · 1 … 19
봄 · 2 … 20
목련 … 21
미소 … 22
세대 차 … 23
보름달 … 24
오월 · 1 … 25
오월 · 2 … 26
웃음 … 27
제자리 … 28
추위 … 29
친정 … 30
커피 … 31
세월 … 32

2부 아카시아 꽃

바램 … 34
새봄 … 35
풀꽃향기 … 36
5월의 향기 … 38
아픔 … 39
장독대 … 40
형제 동생들 … 42
비 … 43
아침 … 44
아카시아 꽃 … 45
어버이날 … 46
언덕 … 47
가뭄 … 48
숲 … 49
가로수 … 50
가버린 시간 … 51
쓰라림 … 52
시월 상달 … 53
가을·1 … 54
가을·2 … 55
가을·3 … 56

[차례]

3부 숨겨진 마음

새로이 오는 또 한 해 … 58
숨겨진 마음 … 59
고마운 비 … 60
별 … 61
가족 … 62
길 … 63
감사 … 64
꽃 … 65
어느덧 … 66
꿈 … 67
봄의 여심 … 68
가을이 오면 … 69
가을을 맞이하면서 … 70
구름 … 71
가을 단풍 구경 … 72
그리움 … 74
그림자 … 75
기다려지는 마음 … 76
기다림 … 77
술주정 … 78
은행잎 … 79

4부 너는 어떨까

나무 … 82
낙엽 … 83
저녁노을 … 84
땀 … 86
라일락 향기 … 87
리우 올림픽 … 88
막걸리 … 89
만남 … 90
남편 … 91
너는 어떨까 … 92
맏딸 … 93
마무리 … 94
긴 겨울 … 95
여행길 … 96
황혼빛 … 97
은행나무 · 1 … 98
은행나무 · 2 … 99
은행나무 · 3 … 100
은행나무 · 4 … 101
가을 … 102
마지막 잎새 … 103
백양사 … 104
수능시험 … 105
겨울 … 106

1부
보고 싶은 얼굴

새해 아침에

설래임에
새날이 밝았습니다

나를 사랑하는 마음이
햇살처럼 밝혀줍니다

마음껏 활갯짓하는
예쁜 별 나비처럼

힘찬 건강을 반기며
완성의 꽃밭이 되기를

넘치는 감사로
밝게 웃으며

노년을 찬미하며
행복을 마중 나온 병신년

열정으로 깨달음으로
아쉬움 없는 날이기를

인연

잠에서 깨고 나면 들리는 벨소리
오늘의 안부를 물어온다
일상에서 하는 같은 소리인데

오늘은 무슨 생각이냐고
무엇을 할 거냐고 어디로 갈까
싫지 않은 소리로만 들린다

너와 나의 안부로만 물어야지
마음의 상처 가슴에 안고
운명은 이미 정해져 있으니까

꿈을 향하여

오늘도 배우려고 수필 반에
어제는 컴퓨터반
내일은 시 낭송반에

체력도 유지해야 하니까
아쉬운 시간을 내어 부지런히
수영도 걷기도 쉬지 않는다.

동영상도 만들어 본다
명산 계곡 방방곡곡 찾아서
사진을 찍어댄다

지기들과 맛집도 즐겨 본다
순간순간 깜박깜박
늙어지는 것을 막을 수 없어

손자 손녀와도 대화하고
컴퓨터도 물어가면서
된장찌개 끓여 식사도 같이

손녀는 할머니 모시고
이태리식 랍스타 스파게티
아들은 갈빗집 요리

즐기면서 오늘도 내일도 보낸다

보고 싶은 얼굴

오늘따라 당신의 속삭임이 기다려집니다
귓가에 들리는 소리
온 동네가 단풍으로 물들어 있어요

어디론가 낙엽 밟으며 걷고 싶어져요
그대가 밝은 미소로 나를 반기네요
수북이 쌓인 가랑잎에서 당신을 그려봅니다.

언제까지 기다리고 있을는지
오늘도 하루해는 저무는 데
그리움은 시간이 지나도 가슴에 젖어있어요

걸어온 길

부지런히 걸어온 지금
사연도 겹겹인데
하찮은 일인 줄도 모르고

힘든 일 지친일 다 지나고
오늘도 숨차게 가고 있는데
산수의 인생 고비길 되었네.

보배로운 삶 지친 몸
헛된 꿈 다 잊고
어떤 보답으로
보람이 될 것인가

안부

그리움으로 기다려지네
아침에 걸려오는 벨 소리
나는 여기 너는 거기

염려하는 애틋한 가슴
서로 짐이 되지 않고
안정으로 바라만 보네

안부가 궁금한 것까지만
안타까운 것까지만
사랑으로 바라만 보네

너는 지금 거기서 그대로
나는 지금 여기서 이대로

봄 · 1

목련 나무 하얀색 자주색 꽃
개나리 진달래 노랑 분홍색
봄은 알록달록 크레파스다

분홍 솜사탕 같은 벚꽃
떨어진 동백꽃 빨간색
맨드라미 노란 풀꽃
영산홍 빨간 봉우리

모든 나뭇가지엔 새순이 돋아
봄은 눈을 호강시켜 주네
덩달아 마음도 무지갯빛 되었네

나뭇가지엔 새순이 돋아
우리 가슴에도 두근대는 설레임
희망의 날개를 달고
봄의 노래가 나의 노래

봄 · 2

베란다 뒤에 자목련이
이른 봄이 왔다고 소리 없이
우아한 자태를 자랑하며
고귀한 얼굴 방긋이 내밀더니
맨드라미 여기저기 노란 꽃
보라 꽃 팽이 꽃도 보아달란다

개나리 진달래 순서도 없고
길가에 만발한 벚꽃
첩첩산중에 핀 진달래
우아한 목련도 떨어질 땐
너와 나 인생도
잘난 체 해봤자지

목련

베란다 뒤 목련 나무
올해도 잊지 않고
꽃봉우리 수줍은 미소로
봄이라고 인사한다

비가 오나 바람이 부나
활짝 웃는 고귀함
그 자태 오래 머물러 있었으면
석양으로 가는 나 외롭지는 않을 텐 데
아름다운 목련꽃이여

미소

손주의 얼굴만 보아도
절로 웃음이 나고
어떤 맛있는 것을 줄까
안절부절 정신이 산만하다

어느 꽃보다 예쁜 아기
나는 구닥다리 손주는 신세대
내 손을 잡고 재롱부리며
나가자고 재촉한다

그냥 안아만 주고 싶은 마음
어떤 것을 요구해도 사주고 싶고
먼 곳에서 올 손자 생각만 하면
주름이 펴지는 미소가 생긴다

세대 차

할머니는 버스를 탄다
엄마는 자가용을 탄다
손녀는 콜을 부른다

할머니는 일반 한식당
엄마는 한정식 식당
손녀는 고급 레스토랑

할머니는 대형 마트
엄마는 백화점 슈퍼
손녀는 명품 인터넷 주문

할머니는 속내복 입고
엄마는 가벼운 겉옷
손녀는 얇은 미니 옷

보름달

창문을 열고
보름달을 본다
속삭이는 소리
사랑의 미소인가

임은
빛나는 별이 되어
내 가슴에 가득하네
둥근달 그대인가

이 밤에
환한 버팀목 되어
삶의 활력소 솟아나
그리운 임 그려 본다

오월 · 1

아카시아 향기
온 동네를 진동하네

따스한 봄볕
너와 나의 마음

훈훈하고 즐거운
우리 희망의 날

알알이 잘 익은 열매
내 가슴에 담겨 있네

세월이 주름을 만들어도
고마움에 내가 있네

오월 · 2

꽃향기 안고 온
계절의 여왕 오월
꽃비 날리며 맘속 한가득

아카시아 향기 진동하면
어떤 꽃이 가슴에 담겨지나
빨간 장미 붉게 물들여지려나

무르익어가는 신록의 계절
인생길에 피어나는 희망의 꽃
향기로운 행복의 날

꽃도 웃고 나도 웃고
내 맘속에 피고 지는
그리워 기다리는 무지개 꽃

웃음

푸른 유월이면 방학이다
손자가 비행기로 온다 한다

침대보를 바꾸어 끼우면서
장롱을 비우면서
곰국을 끓이며 분주하다

세면실에
새 칫솔을 꺼내 놓으면서
부푼 마음 신이 났다

설레임에 시간 가는 줄 모르고
행복한 웃음이 저절로 나온다

제자리

간장 종지에 밥알이 있다면
옷걸이에 걸릴 옷이 떨어져 있다면

책꽂이에 꽂일 책이 흩어져 있다면
책가방에 공부할 책이 없다면

세면실에 비누나 칫솔이 없다면
화장실에 물이 없다면

주차는 주차장에 제자리
어느 누구라도 제자리 주차

어른은 가정을 잘 만들고
아이는 건강하게 자라고

대통령은 청와대 제자리
남북한도 한 덩어리

추위

춥다 추워 영하의 날씨
그 무덥던 한여름
눈 오는 날 싼 타 할아버지를 기다렸는데

영하의 12월이 오니
쎈치한 눈사람은 어디 가고
몸은 움츠려 방으로 기어든다

이불속 안에서 TV만 돌린다
젊음이 기울어서인가
마음은 어름 밭에서 뛰는데

친정

바라보니 아득한 그 옛날
여러 형제 서로 뒹굴었던
싸우면서 오순도순

그 골목길 땅바닥에서
공기, 잦치기, 숨바꼭질
옛 시절 그리운 고향

커피

따끈한 커피 한 잔에
지난날이 애틋해진다

커피 향 내음에
외로움이 그리움 된다

예쁜 커피잔 앞에
그대와 마주한다

오늘도 마시는 커피 속에
지나가 버린 내 그림자.

세월

쉬지 않고 막무가내로
그냥 따라 오라고 하더니
웃고 울다가 따라온 팔십 년

이마엔 주름이란 명함을 달고
얼굴 한복판에 팔자주름
허공으로 날려 보낸 내 젊음

어디로 가고 있는지
낙엽이 가랑잎 되어 뒹굴어도
소나무처럼 독야청청 꿈을 꾸어본다

세월은 선물로 흰머리 주었지만
마음은 반짝이는 날개를 달고
별도 보고 해님도 볼 수 있는
천년을 기다리는 세월이고 싶어라.

2부
아카시아 꽃

바램

닭의 해가 솟았다
빛나는 햇빛이 비친다.

아름다운 강산을 보면서
한 가족 내 형제 오순도순
누구라도 화합하면 좋겠다.
모두 잘 성장해주면 좋겠다.

지금의 잘살고 있는 풍요도
조상님의 넋을 기리며

세계에서 가장 화려하게
빛나는 굳은 믿음으로
도약이 이루어지는
정유년 대한민국이면 좋겠다.

새봄

얼음 속에서 겨울을 이기고
마른 가지 그 속에서

파릇파릇 솟아나는
새싹들의 몸짓

칠보단장 곱게 하고
무지갯빛 꿈을 싣고

봄바람에
매화꽃 진달래 향기

제비도 짝을 찾아드는
활기찬 희망의 봄 봄 봄

풀꽃향기

봄가을 다름없이
그 자리 묵묵히 지켜가며
잡초 속에 핀 꽃
뜨는 해 지는 별 벗 삼아
저 혼자 피고 지는
푸른 풀줄기
외로움 달래다 여문 풀씨로
목마른 그리움에 향기조차 그윽해라

화창한 봄날
소리 없이 피어나
소슬한 바람결에 흩어지는
가녀린 풀꽃
비바람 견디며 다시 피우리니
해빙(解氷)의 그 어느 날
새로운 잉태(孕胎)를 위하여

밤새 홀로 피어
아침이슬 머금고
긴 세월 내 안에 품은 풀꽃
이름 없고 눈길 주는 이 없어도
삶의 동반자인 그대처럼
시들지 않는 그리움이고 싶어라
햇살 같은 그런 사랑이고 싶어라

5월의 향기

향긋한 숲속 5월의 산길은
아카시아 향기가 가득하다
꿀 향기 젖은 나무에는
벌과 나비 한창이다

산 위에서 불어오는
실바람 속에
꽃향기 볼에 스치고
꽃잎 따서 한발 한발 걷다가

꽃다발 만들어 화환 쓰고
꽃반지 끼워주든 친구
무심한 세월 속에 아쉬움
아카시아 향기 가슴에 안겨 있네.

아픔

운동을 한다 펄펄 뛰며 달렸는데
어느새 세월은 나를 벗어나
여기저기 아프다고 소리를 낸다

인공 관절이란 수술을 하고 나니
마음은 어느새 쇠약해지고
몸도 마음도 내가 아닌 노인이 되어
초라하게 늙지 않으려고 안관임이다
책도 읽고 얼굴에 화장도 해본다

아프니까 우울해지는 그늘진 마음도
겸손과 자애로 모든 것을 사랑해야지
잡다한 질투 욕심 버리고
밝은 빛으로 평안한 날이 되기를

장독대

햇볕 잘 드는 장독대에
아침이면 물통 들고 올라가
정성스럽게 장독에 물행주치고
닦고 또 닦던 그 장독들

봄이면 메주에 소금물 풀어
간장 된장 고추장 만들어
큰 독에는 묵은 간장 햇간장
항아리에는 보리고추장 찹쌀고추장 된장

부엌에는 큰 물독이 두어 개
쌀독도 몇 개 여러 종류에 잡곡 항아리
새우젓 항아리 마늘장아찌 항아리
땅속엔 김칫독 몇 개씩 파묻고

대청 한가운데에도
아끼는 좋은 견과류 담아두던
뒤주 위에 삼층 백 항아리
지금은 편리한 냉장고 문화로

사라진 우리의 옛 살림
김칫독에서 나오는 우리의 김치맛
장독에서 나오는 장맛
아쉬워 그리워지는 항아리 문화

형제 동생들

그 옛날 생각난다
가난했던 그때가 그리워진다
가방 속에 빵 한 조각 아껴서

빨리 집에 가서 동생 주려고
맛있는 구수한 빵 냄새가 먹고 싶어도
뛰어서 집으로 달려갔던 그때가

세계에서 가장 가난했던 나라
나의 어린 시절 배고파도 형제들 아끼고
형제들끼리 한방에서 같이 뒹굴었던

밥 한 끼 배불리 못 먹었었는데도
형제는 언제나 한 몸 같았는데도
지금은 각기 잘 살아도 옛날이어라

비

너한테도 나한테도
하늘에서 주는 선물
옛적에도 또 다음날도
대지를 적셔주는 고마운 비

대지에 양식 주어 베풀고
갈증에 시달리는 땅에 해갈 주고
비 없인 살 수 없는 생물들
곡식 채소 무지개 꽃들

창문 앞에 서서 비를 기다린다

아침

밝은 햇살이 솟아오른다
맑은 꽃잎에 이슬이 반짝
새들도 새로운 날 노래한다.

피어나는 새로운 꽃들
가슴속 묻어나는 아지랑이 꿈
조용히 기도하는 사랑의 안부

덩달아 희망의 꿈을 노래한다
바라보네 오늘 아침도 내일도
황홀한 장밋빛 기다림

아카시아 꽃

아름다운 오월
아카시아 꽃 만발하니
그 향기 진동하여
몸 안에 가득 안겨 온다

몸통에 난 가시는 무서우나
온 산을 하얀 꽃 그림이고
사방팔방 사랑을 나누어 주며
새색시 마냥 다가온 아카시아 향기

어버이날

이른 아침 벨 소리
꽃다발 든 반가운 얼굴
다섯 시간 달려온 고마움

어머님 축하해요 내미는 봉투
맛있는 것 먹으러 가요
사양하다 차에 탔다

길은 밀리고 식당마다
노인들의 가족 모임인 양
가득 메운 사랑의 식사

가슴에 꽃 한 송이 꽂아
산뜻한 행복 내 가슴에
즐거운 어버이날 되었네

언덕

깔아 놓은 꽃길 따라 걷던 길
파란 하늘 꿈을 안고 걷던 길
활기차고 힘이 되던 길
돌담길 돌고 보니 돌부리 언덕길

언제 나타난 언덕길을 보면서
실타래 풀어보듯 차분히 오르니
힘들게 오른 언덕길을
심호흡으로 한번 쉬고 나니

내리막길 되어 더 편안한 길 열려 있네
걷고 뛰고 가쁜 숨도 내리막길
홀로 힘들었던 언덕길
지나온 언덕길 나의 몫이였었네

가뭄

초목이 타들어 갔다
새순 되어 나와서 꽃잎 피는데
다 타들어 가는 유월

이대로는 안 되겠다
부지 세월 답 없는 하늘
마음도 타들어 가는데

쩍쩍 갈라 논 논두렁 밭두렁
염원으로 가다리는 약비
칠월이 되어서야 보석 같은 비
타는 가슴 매만져 주는데

기다리는 취업 합격은
올해도 아니고 내년이나
염원으로 기다리는 애달픔

타들어 가는 가슴
목 타는 안타까움만

숲

한여름 폭염 속에서도
서늘함을 주는 나무숲

맑은 공기 피톤치드
그 숲길을 지나노라면

몸의 피로도 마음의 피로도
안식처로 반기어 주는 숲

문화의 발달이 공해를 주어도
산소통이 되어주는 풍요한 숲

산새도 다람쥐도 정겨워 노래하는
우리의 생명체가 된 숲

가로수

10월 말 가로수 은행나무
한잎 두잎 낙엽 되어
길바닥에 수북이 쌓여 있네.

홀로 걷는 길 떠난 임 그리워
든든한 나무 그늘에서
하나둘 예쁘게 만든 우리 집
사랑이 열매 된 우리의 보물
귀여운 손자들 외로움 달래주네

한여름 땀 흘려 이룬 열매
예쁜 낙엽 되어 세상에 주고
떠나는 아쉬움에 가슴 적시네

가버린 시간

산중에 사라지는 유성처럼
돌아오지 않는 바람이고 싶다

어린 시절 같이 놀던 친구는
지금은 알 수 없는 옛 그림자

사춘기 막연한 기다림 속에
황홀하게 나타난 말 탄 왕자

기대했던 무수한 포부처럼
지나가는 세월에 허탈감

밤하늘의 보름달 속에
황혼의 그리움이어라

쓰라림

허전한 마음 채워보려고
가슴속 달래 보지만

묻어둔 사랑
한없이 풀고 싶은데

어제의 꿈 꾸며 준 연정
안타까움만 남아

정성을 차버린 빈자리
아직도 기다리는 아쉬움

그리움으로 바라만 보네

시월 상달

청명한 가을 하늘을 본다
천고마비의 들녘은 무르익은 알곡
한줄기 산들바람에도 가슴은
그리움으로 웃음꽃 피어나고

붉은 팥 시루떡 이웃집 나누어 먹는
꿈과 사랑의 향기 가득한
따스한 한낮에 햇빛 웃음으로
밤송이 알밤 주어 익어가는 가을

울긋불긋 예쁜 단풍잎도
낙엽 되어 한잎 두잎 떨어지고 나면
모든 열매 마음속에 쌓아 놓고
살며시 스며드는 외로움

가을 · 1

더위 지루한 여름이 가고 나면
기다리던 높고 푸른 가을 하늘 오네
시원한 산들바람 불어와
가슴속 시원하게 물들이고

따뜻한 햇볕 벼 이삭 익어 지어
사과 배 밤 대추 먹을 것 풍성한
한가위 둥근달 맑은 마음 되어
내 맘속에 가득 차 있네

단풍잎으로 울긋불긋 치장하고
억새풀 귀뚜라미 노래하네
열매 되어 풍성해진 가을 들녘
화려한 이 가을 맘껏 행복해 보자

가을 · 2

가을을 기다린다
높고 푸른 하늘이 좋아서
갈아입은 단풍나무가 좋아서
낙엽을 밟으며 걷는 게 좋아서

익어 가는 곡식을 보면서
밤나무 대추나무를 보면서
명절에 식구들을 보면서
둥근달 속에 그리운 임을 본다

따스한 가을 햇살로
그득하게 가득해진 가슴속
여유로운 한가함에
고춧가루 새우젓 동장군 준비

귀뚜라미 소리에 가을이 저문다

가을 3

한여름 뜨거운 태양 아래
더운 더위에 땀 흘리더니
지루한 장마 꿋꿋하게 이겨 내더니

곱게 황금빛으로 몸단장했네
노란 은행잎 가을을 수 놓았네
황금 은행알이 여기저기 뒹군다

그리움으로 바라보는 파란 하늘
들녘에 여무는 각종 곡식
힘들였어도 익은 열매는

귀하게 자라나는 어린 손자들
우리의 삶의 힘이었던가
가을을 보내는 우리의 보람이라고

3부
숨겨진 마음

새로이 오는 또 한 해

저 멀리 떠나가는 정유년을
성큼성큼 다가오는 새로운 무술년

힘차게 솟아오르는 아침 햇살
노을 타고 내리는 저녁 해

희망으로 피어나는 새로운 생각
애처롭게 힘이 떨어지는 육체에

식어지고 멀어지는 사랑을
파도처럼 밀려오는 그리움들

점점 멀어져 가고 떠나가는
뒷모습 되어 바라만 보니

흐르는 세월에 안타까움에
가슴을 가르고

잡지 못하고 가는 애처로운 시간을
보배로 아름답게 꽃피워 보아야지

숨겨진 마음

푸르른 저 하늘 가득
내 마음속 가득 그대 사랑을 그립니다

돌아보면 언제나 그 자리에서
웃으며 서 있는 그대 사랑을 헤아립니다

때때로 내 마음 울적한 날
한없이 밀려드는 그대 그리움에 홀로 젖는 날

가장 맑은 순수한 그대 사랑을
저 하늘 가득 그대 사랑 하나둘씩 그려봅니다

밤은 깊고 주의는 한적한데
홀로 밤새우며 그대를 또 만나 봅니다

고마운 비

빗방울에 방실대는 꽃
싱그럽고 상쾌하다
풀밭이 싱그럽다

나무도 가지마다 날개 달아
푸른 향이 진동한다
초록 비가 대지를 적신다

젊음과 같이 뻗어지는
삶의 원천 샘물 되어
우리의 생명수

별

지금
난 어둠을 벗 삼아
저 하늘에 빛나는
너를 본다

너는
반짝이는 별이 되어
기다리는 가슴에
가득하다

이 저녁
고요히 어둠 되어
그리운 님 한껏 보리라

가족

영혼의 기둥 가족
부모가 준 보배
한 핏줄 한마음

즐거울 때 슬플 때
제일 먼저 생각하고
한없는 사랑으로 안아보고

늘 함께 같이 하고 싶고
근심 · 걱정 챙기고 나면
맘껏 웃어주고 같은 맘 되네

떨어져 멀리 있으면
그리움 기다림으로
즐거워라 자손들아

길

꽃길 따라오다 보니
꿈길이었네

안갯길 꼬부라진 시골길
숲속 낙엽 밟는 아름다운 길

하얗게 덮인 눈보라 길 나타나
빙판에 넘어질까 조심하던 길

산행길 고단한 길 해변 길
걷다 보니 확 트여진 고속도로

휙 지나니 석양에 지는
아름다운 황혼길

감사

잠에서 깨면 가야 할 곳이 있다
운동을 하러 갈 수 있다

주말이면 으레이 만나는
세 자녀의 가족이 있다

주중에 두세 번 식사를
같이 할 수 있는 친구가 있다

매달 한 번씩 동생들을 만나서
옛날이야기를 할 수 있다

복지관에 와서 컴퓨터도
문예 교실에서 수필도

배우고 공부하면서
작품도 만들어 보고하니

노년에 즐거움을
감사합니다

꽃

빨간 꽃 노란 꽃 파랑 꽃
꽃마다 예쁘다 볼수록 예쁘다
한참을 보고 있노라면 신기하다

고운 색깔이 어디서 왔냐고
예쁜 얼굴이 어떻게 만들어졌냐고
춥고 더운 볕을 피하지도 않고

비바람에 쓸쓸한 밤하늘에
해님과 달님과 빛나는 별님이
친구가 되어서 지켜주었나 보다

아름답고 귀한 꽃들이여
우리 마음 달래주고
포근히 안아 주는 신비한 꽃

어느덧

바람처럼 휙 지나간
가버린 젊음처럼

건강도 사라지는
괴로움처럼

사랑하는 모든 것도
돌아온 외로움처럼

잃어버린 청춘이여
그리운 옛날이어라

꿈

시간은 게으름 없이
이 순간도 지난다

오래된 버릇은
거울이 나를 비춘다

항상 내가 무엇을 하려고
빽빽이 그려진 생각에

오늘도 무심히 지나지 않고
누구를 사랑하고 파서

건강을 염려하고
치매를 염려하고

가족 친지 모두를 사랑해야지
아름다워지고 싶어지는 꿈

봄의 여심

여린 줄기 풀꽃 하나에
마음이 일렁이고
시샘하는 꽃샘바람 곁에
긴 겨우살이 슬픔을 실어 보낸다

생존의 몸부림 절절한 흐느낌은
희망을 향한 생명력
심장의 고동 소리로 솟구친다

속살거리는
봄의 향기는 가슴으로 흘러내린다

밤사이 내린 준설에
몸살 앓는 꽃가지마다

가을이 오면

가을을 기다린다
높고 푸른 하늘이 좋아서
갈아입을 단풍나무가 좋아
낙엽을 밟으며 걷는 게 좋다

익어 가는 곡식을 본다
은행 밤 과일 열매를 보면서
명절에 식구들 얼굴을 반긴다
둥근달 속에 그리운 님을 본다

따스한 가을 햇살로
그득하게 가득해진 가슴속
밝은 마음 한가위 둥근달
가을 거지로 동장군 준비

화려한 단풍잎 억새풀
풍성한 가을 들녘
스쳐 가는 바람 불어오면
임 생각에 가을은 저문다

가을을 맞이하면서

창문을 열면 바람이 들어오고
마음을 열면 행복이 들어온다
웃음으로 아침을 열면 행복이 온다

웃음은 가족 누구에게도 사랑이다
웃는 얼굴은 행운이 온다

구름

푸른 하늘 속에 뭉게구름
어떤 그림이 있을까
엄마 얼굴이 그려지더니

떠나 버린 얄미운 그리운 님 그림자
뭉클거리던 가슴속 서러움
하소연 하고파서 멍한 가슴

쉬지 않고 가는 시간에도
잊혀지지 않는 지난 세월
뜨거운 연정이 얼굴을 붉힌다

가을 단풍 구경

노인들만 단체로 단풍놀이를 간단다
무슨 재미로 갈려는 지 궁금하다
리무진 버스에 오른다. 화려한 외출복
선글라스 평소에 안 쓰던 고운 모양의 모자들

옛날에 화려한 일들을 한 분들이다
하지만 버스를 타는 순간 청춘이다
즐거워서 여기저기 왁자지껄 소리가 난다
인솔자가 너무 수고하겠다는 느낌이다

하루 일정표가 나누어지고
창문을 내다보면서 가을을 가슴속에 담는다.
색색으로 길옆에 서 있는 나무들 노랑 은행잎
월정사에 도착하여 점심 공양을 한다

깔끔한 나물 반찬에 시래깃국
먹을 만큼만 덜어서 남기지 말란다
먹고 난 식기는 각자가 설거지 하기란다
누가 해주기만 했었는데도 즐겁다

고운 단풍잎 사이로 낙엽을 밟으며
담소와 깨끗이 닦아논 흙길을 걷는다
서로를 배려하는 이야기꽃을 피우며
하루 종일 걸어도 괜찮을 편 한길

다시 상원사로 올라가는 선재길
아름답고 예쁜 길로 손꼽히는 길
적멸보궁이 있다는 높은 곳까지
언덕은 좀 있어도 노인도 할 수 있다

그전에 구라파 여행 크루즈여행
아프리카 알래스카 어떤 여행보다
팔순이 넘어서 혼자 가는 행복한
여행이었다 라는 추억을 만들었다

그리움

허전한 마음 채우려고
가슴속 달래 보지만

아쉬움만 가득하여라
묻어둔 사랑

한없이 풀고 싶은데
다가오는 그리움

등 돌려버린 그림자
몸도 마음도 떨림만

그림자

귓가에서 아련히 들리는 소리
기다리는 속삭여주던 그림자

장롱 속에 갇혀 있는 와이셔츠
아침저녁 만나는 그림자

식탁 한자리 빈 의자
고추장 두부찌개 향기 된 그림자

따뜻한 그 손길이 생각나서
애절함이 나를 울리는 그림자

이제는 잊을만한 그리움 끌어안고
마음속에 머무는 그림자

몽롱해지는 당신 모습 잊을까 봐
꿈속에서 찾고 있네

기다려지는 마음

애써 정성 들여 키운 아이
한 침대에서 뒹굴며
밥 한 숟갈 좋은 음식 먹여주던
살붙이 사랑한 손자

커가면서 유학이라는 이름으로
먼 나라 유학 가고 나니
소식 기다려도 소용없어도
안타까이 기다려지는 목소리

흔한 카톡 하나 없는데도
방학 때 올 때를 기다려
좋은 것 주려고 감추고 쌓아둔다
기다리며 즐거운데 너는 어떨까

기다림

그 옛날 통통 튀는 가슴
몸도 뛰고 마음도 뛰던

막연한 기다림에
부풀던 설래임

살며시 날아온 파랑새
화려한 너와 나의 꿈

알알이 영글어져
함빡 담겨진 알찬 둥지

세월이 아쉬움 남기고
쓰라림 되어 홀로 날아간 파랑새

오늘은 기다림 없이
낙엽 밟고 홀로 걷고 있네

술주정

밤늦은 시간에 술 냄새 풍기면서
사랑한다고 사랑한다고
한소리 또 하고 또 한다

여러 식구 잠 깰까 봐
가만히 지켜보고만 있네.
지친 몸 가족 위해 애쓴 몸

하소연하고파서 술 한 잔
힘들다고 투정해봐야 너나 나나
다 같은데 아쉬움 달래보려다 취했나

은행잎

따끈한 유자차에
사랑을 띄운다

그리움 따라
가슴 설레임

그대와 마주친 유자 향기
내 그리움

내 사랑을 안은
책갈피 속 은행잎

4부
너는 어떨까

나무

나무는 우리와 같이 산다
네가 뿜어내는 산소
우리가 뿜어내는 탄소

햇볕을 같이 마신다
홍수를 네가 막아주고
열매를 우리에게 준다

언제나 푸근한 품 안으로
비바람 찬 서리 견디며
우리의 영혼을 일깨우고

다 쓰러져 넘어져
고목이 되어서라도
우리의 생활 도구로

베풂으로 아름다운 삶
우리의 나무

낙엽

알록달록 낙엽 되어 바람에 날리는
단풍이파리 마음속까지 색색으로
지난날의 여러 일들 주마등 되어

여름 내내 뜨거워서 땀 흘리더니
어느새 새 열매 맺고 떨어져
힘들였어도 고운 얼굴 되어 뒹구는구나

바람에 이리저리 힘도 없이
푸른 하늘 맘껏 바라보아도
가슴속 쓰라림 혼자 삭히는구나

저녁노을

하늘은
핏빛으로 곱게 물들이며
노을이 탄다

쉼 없이 출렁이는 그 옛날
사랑은 산 넘어 아득히 사라지는데

오늘 저 고운 빛은
말 못 할 사연을 담고
이슬 맺힌 눈가에서 멀어져 가도

또다시 애절한 그리움 싣고
어둠을 따라 저 수평선 끝에서
서서히 여명을 밝히며 떠오르겠지

눈시울 적시던 애환도
지금은 아름다웠던 시간일 뿐
그리움으로 아쉬움만 남아서

저 황홀한 노을빛
얼만큼의 시간과
꿈이 영글면 나의 석양도

저리 또렷하고 선명한
그림 한 폭 내일이면 일출로 솟아오를
노을이 나를 보고 살며시 웃는다

땀

너무 더워
작년보다 더 더워
땀이 얼굴에 줄줄 흐른 다
올해는 윤오월이 있단다.

이 더위에도 벼는 흰 꽃을 피고
고추도 시퍼렇게 물이 오른 다
검푸르게 기지개 펴는 우리의 논

따가운 햇살 견디다 보면
익어가는 가을 들녘
바람에 한 무리가 일렁거린다.

땀 흘려 취업 준비하는 손자 머리에
필승을 새긴 머리띠에 땀이 촉촉
겨울에는 우리 집 곳간이 그득 하기를

라일락 향기

당신 라일락꽃이 한창이네요
이 향기 혼자 맡고 있노라니
당신이 그리워지네요

멀리 있는 당신께 보내고 싶어지네요
그리움은 옛사랑으로 나를 안아 주지요
그때를 그리는 것도 나는 행복이고요
어차피 인생은 서로서로 떨어져 있는 것

그리움 또한 그러한 것이려니
멀리 떨어져 있어도
그리운 사람은 가슴속에
지금은 라일락꽃으로 숨이 차요

계절의 여왕 가정의 달 오월을 호흡하며

리우 올림픽
— 여자 양궁

화살이 날 아 간 다
한쪽 얼굴이 찌그러진다
두 손을 활짝 펴고 날아간다

가슴이 떨 린 다
두 손을 펴는 순간
중앙 노란 중심 10점

낭자들의 연속 28년
전 종목 우승, 장하다
폭염 속에 여름밤

이집 저집 한밤중에
환호의 함성 반갑다
찜통더위도 날아간다

막걸리

날로 날로 좋아지는
민족 위상의 술

집집마다 즐겨 만든
누룩 발효에 곡주의 술

양주라는 외국 술이
우리 앞에 나타났지만

오직 너도 나도
즐기는 우리의 막걸리

만남

너와의 만남
어제는 몰랐던 너
오늘같이 눈과 말로

깊은 마음속 이야기
듣고 말하고 느끼고
중심의 생각이 좋아서

세상 살아가는 동안
억만 겁 인연 중에 하나
보름달같이 꽉 채워지는

꽃보다 아름다운 사랑
영원을 꿈꾸는 희망 되었네

남편

포근한 안방처럼
언제나 즐거운
내 사랑

마음속 가득한
그리움도
가슴에 핀 사랑

밀려드는 따스한 바람에
스미는 사랑
당신은 내 남편

너는 어떨까

애써 정성 들여 키운 아이
한 침대에서 뒹굴며
밥 한 숟갈 좋은 음식 먹여주던
살붙이 사랑한 손자

커가면서 유학이라는 이름으로
먼 나라 유학 가고 나니
소식 기다려도 소용없는데도
안타까이 기다려지는 목소리

흔한 카톡 하나 없는데도
방학 때 올 때를 기다려
좋은 것 주려고 감추고 쌓아둔다
기다리며 즐거운 데 너는 어떨까

맏딸

그 옛날 가난했던 시절
학교에서 급식으로 빵 하나 나오면
맛있는 냄새 맡으면서도
집으로 뛰어가 동생들 주고파서

칠 남매의 맏딸
바로 아래의 남동생
너무 의젓하고 잘나서
아래 동생은 어려움이었다
하지만 외국으로 가버리고

부모님의 공허한 마음
옆에서 늘 지켜보면서
막내 동생 졸업식도
작은 동생들 결혼식도

외국에서 오는 조카들도
부모님의 친척들도
모두 책임을 져야 하는
군더더기와 같은 친정집 맏딸

마무리

순식간에 휙 지나가는 바람처럼
가버린 청춘처럼
묻혀간 시간들이 어제 같은데

어느덧 화려한 세월도
잘살려는 고달픔도
얻어진 모든 위상도

살며시 내려앉는
그리움까지도
뒤안길로 마무리되네

긴 겨울

두꺼운 외투를 벗으니
몸도 마음도 가쁜가쁜

눈 녹고 얼음 녹으니
땅에는 어느새 어린 풀잎

칼바람 사라지니
훈훈한 봄바람 되어

실개천에 물 흐르니
새봄이 오듯 밝은 웃음

봄꽃 피듯이 내 마음에
꽃향기 가득하여라

여행길

집을 떠나 나를 떠나
새로운 미지의 세계로
자연이 너그럽게 품어 주는 것
스포츠 센터에서 떠나지 못했던 길

마음속에 숨어 잇는 꿈을 찾아
내면의 껍질을 벗겨내는 시간
열린 마음으로 세상을 바라보며
자연의 순리의 따라
사는 각양각색의 사람들

낯선 공간에
아름다운 풍경과 소리를 들으며
새로운 세상과 마주한다
나 자신을 들여다보는 시간 여행
세월 지나도 못 잊을 보물 같은 추억

황혼빛

가을 들녘엔 누런 곡식이 익어간다
가로수 은행나무에도 은행알이 톡톡
봄에 엷은 연두 잎 예쁘게 피어오르더니
한여름 그 무더위에 세찬 비바람 속에도
이겨낸 그 뜻을 가을은 알겠구나

이 가을 지나가면 추운 겨울은 오겠지
여름도 지나고 익어지는 황혼 길에
무지개 석양빛이 황홀하구나
내년 봄 새싹을 기다려 보아야지
너나 나나 누구나 맞는 인생길

은행나무 · 1

어릴 때 꿈이 춤추던
내 고향 가로수에
가을이면 떨어지는 노란 은행

나 좀 봐 달라는 말도 못 하고
가로수 되어 마주 보고 서 있던
참 사랑의 은행나무

노란 얼굴 파란 속살로
서늘해진 가을 하늘에
예쁜 노란 단풍잎

이제사 그 몸짓이 너의
넓은 사랑이 있음을 나는
알았나 보다

은행나무 · 2

여름 내내 참고 익은
노란 얼굴 노란 속살
맑은 하늘 아래 물든
예쁜 은행잎

청명한 가을 하늘 아래
한잎 두잎 떨어지더니
수북이 쌓여있네

말 못 하고 기다리는
그대 향한 그리움
여름 가고 낙엽 밟는 가을
도로변 길가에
떨어진 은행알, 노란알

그대를 그리는 내 마음도
겹겹이 다져진 노란 그리움
가슴속 알알이 담겨오네

은행나무 · 3

시월의 끝자락 가로수
한잎 두잎 낙엽 되어
길바닥에 수북이 쌓여 있네
홀로 걷는 길 님 그리워지네

든든한 나무 그늘 아래에서
예쁘게 꾸며진 사랑
열매 된 우리의 보물
귀하고 귀한 알찬 결실

한여름 땀 흘려 이룬 열매
알알이 맺어 익어진 선물
예쁜 단풍은 그리움만 남기고
낙엽 되어 쓸쓸함을 달래 주었네

은행나무 · 4

한여름 뜨거운 태양에 땀 흘리더니
화려한 황금빛으로 단장 했네

지루한 장마 푹푹 찌는 더위
꿋꿋하게 버티더니
노란 은행잎 가을을 수 놓았네

오손도손 알알이 열매 맺었는데
떨어지는 은행잎마저도 길거리의
아름다운 장식품 되어 눈부시게 하였네

노란 속살로 익어진 열매 되었네
열매는 존귀하다고 하지만
황금알이 길바닥에 널려있네

익어가는 가을도 쓸쓸히 저무는구나
가을 가고 겨울 지나면 새봄은 올 테지

가을

올여름은 너무너무 더워
익어가는 가을이 더 익었을까

한가위 명절에 익어진 곡식
풍년에 풍년이라네

탐스럽게 열린 밤 대추나무
가을 열매 우리의 행복이어라

더위를 참아낸 채소
몸값이 천금이 되었다네.

나무에 매달린 잘 열린 열매
나잇값 알아 달라고 하나

더위도 추위도 참고 살아온 산수
익어서 고개 숙인 열매여라

마지막 잎새

고왔던 정열의 이파리
영원한 시절 바람에 날리며
너보다 나의 삶 화려했었지만
절규를 토 해내며 잎 떠난 잎새

여름날 아홉 마디마디
몸살 앓던 생채가
상흔의 추억 가슴에 간직한 채
바위틈을 뚫고 나온 구절초
다가올 찬비로 겨울 껍질 깨고
엄동설한 봄눈 녹으면
분홍 꽃으로 다시 피어날 거야

바람이 알고 구름이 알리라
떨어져 누울 꽃이파리 토닥이며
이제 겨울 칼바람에
고개 떨구며 갈길 재촉 하는 너에게

너를 누가 마지막 잎새라 하나
이 겨울 깊은 바다로 떠나는 것은
끝이 아닌 환생하는 시작이라

백양사

11월 2일부터 11일까지
단풍 축제란다 천년고찰
백양사 이십여 년 전에도
왔었는데 지금은 단풍 꽃으로

같은 곳이지만 인파는 백배
나무는 더 오색 단풍이 화려하고
길가에 음식점 기타 연주회 엿장수
풍악 놀이 경내는 국화로 수놓고

파란 가을 하늘 아래 단풍 축제
언제까지도 우리 조상님의 넋을
더 많이 간직하려나 젊은이가 보고 가야지
단감이 나무마다 주렁주렁

수능시험

경쟁이란 입시에 갇혀
꿈이 있는지도 모르고

매일 매시간
관문에 진액을 빼고

안타까움은 어쩔 수 없이
다음을 기다려 보는 허탈함

더 많이 노력하고 기다리면
조금은 늦어도 희망은 있다

화려한 설계 앞날에 꿈이 있는
너에겐 꼭 좋은 열매가 있다는 걸

겨울

허전한 마음에
그대를 바라봅니다

거기 참 기둥인
당신이 있네요.

더 그리울 땐
두 눈을 꼭 감지요

거기 참 믿음직한
당신이 있네요..

아카시아 향기 가득 안고
온통 당신이 있네요

이 도서의 국립중앙도서관 출판예정도서목록(CIP)은 서지정보유통지원시스템 홈페이지(http://seoji.nl.go.kr)와 국가자료종합목록시스템(http://www.nl.go.kr/kolisnet)에서 이용하실 수 있습니다.

(CIP제어번호 : CIP2018039399)

한 걸음 또 한 걸음

인 쇄 2018년 12월 7일
초판1쇄발행 2018년 12월 10일

지 은 이 이혜영
펴 낸 이 양상구
웹디자인 김초롱
펴 낸 곳 도서출판 채운재
주 소 04553 서울시 중구 삼일대로6길 13
       (서울빌딩202호)
전 화 02-704-3301
팩 스 02-2268-3910
H . P   010-5466-3911
E.mail ysg8527@naver.com

정 가 10000원

작가와의 협의하에 인지는 생략합니다
파손 및 잘못된 책은 교환해 드립니다